图书在版编目（CIP）数据

全科知识点大爆炸. 物理知识点大爆炸 / 李骁主编 ; 聪聪老师著 ; 任梦绘. —— 北
京 : 电子工业出版社, 2021.8
ISBN 978-7-121-41142-7

Ⅰ.①全… Ⅱ.①李… ②聪… ③任… Ⅲ.①科学知识－少儿读物②物理学－少
儿读物 Ⅳ.①Z228.1②O4-49

中国版本图书馆CIP数据核字(2021)第087477号

责任编辑：　季　萌
印　　刷：　中煤（北京）印务有限公司
装　　订：　中煤（北京）印务有限公司
出版发行：　电子工业出版社
　　　　　　北京市海淀区万寿路173信箱　邮编：100036
开　　本：　889×1194　1/20　印张：20　字数：384千字
版　　次：　2021年8月第1版
印　　次：　2024年5月第3次印刷
定　　价：　188.00元（全8册）

　　凡所购买电子工业出版社图书有缺损问题，请向购买书店调换。若书店售缺，请与本社
发行部联系，联系及邮购电话：（010）88254888，88258888。
　　质量投诉请发邮件至zlts@phei.com.cn，盗版侵权举报请发邮件至dbqq@phei.com.cn。
　　本书咨询联系方式：（010）88254161转1860，jimeng@phei.com.cn。

物理 知识点大爆炸

全科
知识点
大爆炸
·物理·

李骁 / 主编
聪聪老师 / 著
任梦 / 绘

电子工业出版社
Publishing House of Electronics Industry
北京·BEIJING

目录

第一章

走进神秘的物理世界

第二章

力学

中国教育现状目前遇到的一大问题就是内卷——孩子们通过上补习班，提前学习高年级的知识，从而成为别人口中的学霸。这种情况早已不是秘密。如果你不提前起跑，很有可能在后面就会被落下。而另一个现状就是，大家都去补习了，可上大学的名额并没有变，大家的起跑线是一样的，却也因此都失去了宝贵的童年。

从儿童大脑发育的角度来讲，6~12岁的孩子处在一个认识世界，形成兴趣，放飞思想的阶段，而过量的补习班却在禁锢住孩子们的想象，这种"揠苗助长"的行为，换来的优秀的成绩却是靠拉低孩子们对世界和未来的创造力而换来的。

创造力和成绩的矛盾看似不可调和，实际上有两全其美的解决方，那就是兴趣至上。如果能够提前引导孩子们喜欢上学习知识，顺其自然地培养出孩子热爱学习的习惯，这样既不会禁锢住他们未来飞翔的高度，也能让孩子获取优秀的成绩，两全其美。

为此，我们请到了各科资深老师、专家、儿童心理发展教育专家和经验丰富的童书编辑，针对6~12岁孩子倾力合著了这套《全科知识点大爆炸》。我们发掘出数学、物理、化学、生物、地理、历史科目中最重要、最具代表性的知识点，力求做到生动有趣，让孩子们提前接触并认识到各科的美妙之处，在他们心里埋下兴趣的种子，等待日后发芽，茁壮成长。后来我们又加入了经济和宇宙的主题，使孩子们平衡发展，在学习客观知识的同时也增加对人类社会性的理解，并且帮助孩子开阔眼界，让他们的思维可以无限延伸。希望在这套书的帮助下，每个孩子都能培养学习兴趣，做掌握全科知识的小达人。

李骁

香港城市大学研究员
中国科学院神经生物学博士

走进神秘的物理世界

第一章

古老的物理学

物理指事物的内在规律、事物的道理。物理是最古老的学科之一。在过去的两千多年里，物理学与其他学科一样，都曾属于自然哲学。后来，到了16—17世纪，第一次科学革命之后，物理学才成为一门独立的学科。

一方面，物理学的研究中，物理学者通常会对一些自然现象或者规律性的东西提出假说，如果这些假说能通过大量的实验来证明，那就可以归纳为物理定律。比如，牛顿被树上的苹果砸中了，他产生了疑问："为什么苹果会掉下来，而不会飞到天上去？"于是，牛顿通过大量的实验验证，归纳总结，得出了万有引力定律。

另一方面，物理对人类的贡献也极其显著。我们现在使用的电灯、电视都是物理学发明的成果。美国人莱特兄弟因为有对天空无限的向往，渴望像鸟儿一样自由自在地飞翔，于是他们进行了一系列研究与实验，终于在1903年制造出第一架飞机并试飞成功。正是通过不断地改进，才有了如今能在天空中翱翔的飞机。

物理的诞生

从人类诞生之日起，就对世界充满好奇心。人类为了生存，发现了火，并学会了钻木取火；为了盛放水和食物，人类又学会了制作陶器……这些都是物理在早期原始生活中的应用。

东

认为"力只能改变物体的运动状态"。

从亚里士多德起，人们探索大自然奥秘的脚步便从未停止。为什么物体会掉落到地面？为什么太阳从东方升起又从西方落下？世界上的物质到底是由什么构成的……人们不断提出新的理论，试图解释世间万物运行的规律。由此开始，人类对物理的研究正式拉开了帷幕。

物理起源于哲学，早在公元前4世纪，古希腊哲学家亚里士多德和柏拉图就开始思考物理学方面的问题。例如，亚里士多德认为物体只有在一个不断作用着的推动者的直接接触下，才能够保持运动的状态，从而得出"力是物体保持运动的原因"这一结论。后来，英国物理学家牛顿指出这一观点的谬误，他

物理包含的内容

物理包罗万象，可以分为两大层面，即经典物理学和现代物理学，它们共同造就了物理这座摩天大楼。经典物理学包括那些在20世纪初期就已经逐渐趋向成熟的传统分支学术领域，如经典力学、热力学、电磁学等。经典物理学通常论述的是正常观察尺寸的系统，而现代物理学通常研究的是拥有极端尺度的系统，比如原子物理学或核子物理学。

力学

第二章

无处不在的力

　　力是物体之间的相互作用，力包括三大要素，即大小、方向、作用点。力的国际单位是牛顿，是为了纪念英国著名的科学家牛顿。现实生活中，力非常常见。人举起了哑铃，人对哑铃用了力；人推车，人对车用了力；人提袋子，人对袋子用了力……这里的举、推、提等动作都是人对物体的作用，都是力的表现形式。

万有引力

　　地球对它周围的物体有吸引作用，任何两个物体之间都存在这种吸引作用。物体之间的这种吸引作用普遍存在于宇宙万物之间，所以称为万有引力。

　　万有引力是由于物体具有质量而在物体之间产生的一种相互作用。它的大小跟物体的质量以及两个物体之间的距离有关。物体的质量越大，它们之间的万有引力就越大；物体之间的距离越大，它们之间的万有引力就越小。

　　通常两个物体之间的万有引力极其微小，难以察觉，可以忽略不计。而在宇宙天体系统中，由于天体质量很大，万有引力就起着决定性的作用。比如太阳系中的八大行星就绕着太阳旋转；银河系里由上百万个恒星聚在一起并呈球状的恒星集合体，之所以能够聚集不散，也是由于万有引力作用的结果。

　　虽然地球在天体中质量较小，但是对其他物体的万有引力已经具有很大影响，它能把大气以及地面上的物体都束缚在地球上，还能使月球和人造卫星绕着自己旋转。重力就是地表的物体受到地球万有引力而产生的。

重力实验——羽毛和铁块下落速度

从同一高度扔下不同质量的东西,哪个先落地呢?意大利著名的物理学家伽利略在 16 世纪末就做过这样的实验。他站在比萨斜塔上,两只手上分别拿着两个不同质量的铁球,其中一个铁球的质量是另一个铁球的 10 倍。伽利略将两只手同时松开,结果让人万万没有想到,两个铁球同时掉落到地上。这个实验证明了同种材料的铁球从相同的高度掉落,会同时落地。

那如果是不同材料的物体,比如羽毛和铁球谁先落地呢?实验表明,羽毛下落的速度明显慢了许多,这是因为它受到很大的空气阻力。

1   10

稳定的重心

一个物体的各部分都会受到重力的作用，各部分受到的重力作用于集中的一点，这一点就叫作重心。重心越低，物体越稳定。我们熟悉的不倒翁，它的底面积较大，重心低，也就越稳定。

生活中还有许多相似的例子，例如，电风扇的底座大，这样吹风的时候，电风扇就不会东倒西歪了；马路边的公交车站牌同样有一个较大的底座，这样可以保证公交站牌牢固地立在那里。

弹来弹去的弹力

物体受力发生形变，不受力又恢复到原来的形状，此时产生的力称为"弹力"。最初施加的力越大，产生的弹力就越大。弹簧缩得越短或拉得越长，试图恢复原状的力就越大。不过，如果施加的力太大，超过弹簧承受的极限，它就再也无法恢复原状了。孩子们最喜欢玩的蹦床就是利用了弹力的原理制作而成的。

两个互相作用的物体，当它们发生相对运动或有相对运动的趋势时，在两个物体的接触面会产生阻碍它们相对运动的力，这个作用力就叫作摩擦力。摩擦力分为3种。

静摩擦力：两个互相接触的物体，当它们的接触表面有相对运动的趋势，但尚保持相对静止时，在它们接触面上产生的摩擦力就是静摩擦力。比如，传送带要把货物往上运，如果没有摩擦力，货物就有沿斜面下滑的趋势，所以传送带给了货物一个沿斜面向上的静摩擦力，以阻碍货物下滑的运动趋势。

滑动摩擦力：当两个物体间相对滑动时，在它们的接触面上产生的摩擦力叫作滑动摩擦力。比如推动桌子在地面上前进时，桌子和地面之间有滑动摩擦力。滑冰运动员滑冰时，冰刀和冰面之间有滑动摩擦力。

滚动摩擦力：实质上这也是一种静摩擦力。物体和平面接触时，在接触部分发生形变而产生的对滚动的阻碍作用，叫作滚动摩擦力。接触面越软，形状变化越大，滚动摩擦力就越大。一般来说，物体之间的滚动摩擦力远远小于滑动摩擦力。

走路时的摩擦力

当我们在路面上行走时，因为鞋底与地面之间存在静摩擦力，所以我们走路时才不会打滑。而当我们走在雪地、冰面或极滑的地面上时，由于鞋底与地面的摩擦力太小，稍不留神，就会摔倒。

拔河取胜的秘诀

当物体甲给物体乙一个作用力时，物体乙必然同时也会给物体甲一个反作用力。作用力与反作用力的大小相等，方向相反，且在同一条直线上，这就是牛顿的第三定律。以拔河比赛为例，对于拔河的两支队伍来说，甲对乙施加了多大的拉力，乙对甲也同样产生一样大小的拉力。可见，双方之间的拉力并不是决定胜负的关键因素。

那什么是拔河比赛取胜的秘诀呢？从两队的受力分析来看，只要所受的拉力小于与地面的最大静摩擦力，就不会被拉动。因此，增大与地面的摩擦力就成了取胜的关键。可以穿上鞋底有凹凸花纹的鞋子，增大摩擦系数，增大摩擦力；还可以挑选体重较重的队员，队员体重越重，对地面压力越大，摩擦力也会越大。

摩擦力

机械运动

机械运动是宇宙中最普遍的现象，物体之间或同一物体的各部分相对位置的变化叫作机械运动。它是物质的各种运动形态中最简单、最普遍的一种。机械运动包括两种情况：

两个物体之间的相对位置发生了变化。比如一辆车在公路上行驶，相对于固定的物体发生了位置的改变，所以我们说它发生了机械运动。

物体的一部分相对于另一部分的位置发生改变，这个过程也叫作机械运动。比如，汽车的车轮绕着固定轴转动，轮子上的各部分相对于车轴在做机械运动。

车轴

惯性力

行驶的公交车忽然刹车，车内乘客的身体就会向前倾。这种保持向前运动的力就叫作惯性力。正是因为惯性力的作用，人的身体向前倾。人的脚和车之间有着静摩擦力，由于摩擦力的存在，车厢给脚一个向后的力。这个力仅仅作用于人的脚底，不会作用于全身。人的脚不动，而身体向前倾斜。同样的道理，当车启动时，人也会倾斜，但是这个时候不是向前倾，而是向后倾斜。不仅保持运动如此，保持静止的力也同样是一种惯性力。

离心力也是一种惯性的体现，它使旋转的物体远离它的旋转中心。当汽车转弯时，乘客同样会随着汽车转弯，在离心力的作用下身体会向外侧倾斜。弯道越急，速度越快，离心力就越大。

弯 弯 弯 弯

离心力

刹

空气阻力

空气阻力，指空气对运动物体的阻碍力。物体运动速度越快，空气阻力的影响就越大。空气阻力在我们的身边随处可见。例如，飞机的形状之所以要设计成流线型，头圆尾尖，就是为了减小阻力，提高速度。而降落伞则是要利用空气阻力，使人或物从空中安全降落到地面。

南飞的大雁

每到秋冬季节，大雁就会迁徙到更温暖的地方过冬。在长途飞行的过程中，整个雁群始终排成"一"字或"人"字形。这是为什么呢？

原来，这是雁群为了进行长途迁徙而采取的有效措施。雁群的迁移路程非常长，在这个过程中，由富有经验的大雁领队。头雁扇动翅膀，形成一个向上的微弱气流，它的身后出现一个低气压区，紧跟其后的大雁飞行时就可以利用这个低气压区，减少空气的阻力，从而节省很多体力。当头雁感到疲劳时，雁群便会经常变换排位顺序，更换头雁。

压力和压强

压力是垂直作用于物体表面的力。物体单位面积上所受的压力叫作压强。压力一定时，受力面积越小，压强越大；受力面积越大，压强越小。当我们两只脚站立的时候，对地面产生一定的压力。如果抬起一只脚，尽管压力没变，但由于受力面积减少了一半，所以压强就增加了一倍。

上窄下宽的水坝

在其他条件不变的情况下，液体的压强随深度的增加而增加。水越深，压强就越大。所以，在修建大坝的过程中，要把大坝修建成上窄下宽的样式，使大坝的底部能承受住水的压强。另外，堤坝一般修建在平地上，如果不够稳定的话，就会有滑动的趋势，上窄下宽能够防止堤坝滑动。堤坝下面宽，能增加大坝整体的重力，重力会使堤坝垂直向下的压力增大，也会增加最大静摩擦力，起到防滑的作用。

气压

尽管空气看不见、摸不着，但是构成空气的每一个微小分子都有一定的质量。在一定范围内，数以亿计的分子的总质量会产生一定的压力。因此，我们每时每刻都在承受空气施加给我们的压力，这就是气压。海拔越高的地方，空气越来越稀薄，总质量越来越小，气压也就越来越低。人体体内的气体和液体也会产生一个向外的压力，它与施加在人体上的气压大小相等，从而使得人的身体内外气压保持一致，所以人体不会被空气"压扁"。

蒸汽的力量

水加热沸腾后会变成水蒸气。被密封的蒸汽对周围物体产生的推力非常大。1804 年，英国人德里维斯克利用瓦特发明的蒸汽机制造出世界上第一台蒸汽机车。这台蒸汽机车在结构上初步具备了早期蒸汽机车的雏形，在世界交通运输史上具有开创性的意义。这台蒸汽机车上装有一个巨大的锅炉，燃料加热锅炉后将水转变为水蒸气，水蒸气进入汽缸，最后带动机车

前进。后来，德国发明家奥托制造出第一台四冲程内燃机，新型的发动机只需要在汽缸中点燃燃料，利用气体产生的压力推动活塞运动，最终带动机车前进，从而解决了蒸汽机车笨重的缺点。

大坝

准备两块大小相同的玻璃片。

把它们紧贴在一起放入水中，然后取出。

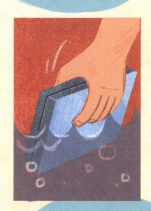

表面张力

你会发现这两片玻璃紧紧贴在了一起。这是因为水的吸附力让玻璃吸附在一起了。

水等液体会产生使表面尽可能缩小的力，这个力称为"表面张力"。清晨凝聚在叶片上的水滴悬而不落，就是表面张力作用导致的。

当我们穿的衣服处于干燥状态时，吸附力很小，很容易脱下来。而当我们淋雨后，衣服被淋湿，衣服上的水会吸附在皮肤上，所以衣服很难脱下来。

压 压 压 压

　　物体在水中会受到一种向上托的力，这种力就是浮力。将一块木头放入水中往下压，就会感觉到这个力的存在。浮力的大小是由物体排开液体的体积决定的。物体排开液体的体积越大，受到的浮力就越大。当物体受到的浮力大于重力时，物体就会浮在液体表面。反之，如果物体受到的浮力小于重力时，物体就会下沉。铁块放入水中会下沉，而铁船却不会，这是因为将铁块做成了船形，排开水的体积变大，铁船的重力比受到的浮力小，于是铁船就能浮在水面上。

密度与浮力

　　将一个物体放入水中，它会沉到水底，还是会浮在水面上，与它自身的密度有关。密度就是某种物质单位体积内的质量。当物质的密度大于水的密度时，该物质在水中就会下沉；当物质的密度小于水的密度时，那么该物质在水中就会上浮。

潜水艇的上浮与下沉

　　潜水艇能够在海里自如地上浮和下沉，其实是利用了浮力的原理。在潜水艇上安有一些被称作"水舱"的舱体。当潜水艇需要下潜时，就打开阀门，将海水注入到巨大的水舱里，这时潜水艇的重量逐渐增加，重力渐渐大于浮力，于是潜水艇开始下沉。当潜水艇需要上浮时，就需要将大量的空气注入水舱，将海水排出来，潜水艇"变轻"了，重力小于浮力，潜水艇自然就会浮起来。

神奇的死海

　　死海是一个内陆盐湖，其含盐量是一般海水的好几倍，鱼儿无法在这里生存，岸边也没有植物。死海的浮力很大，人甚至可以躺在水面上睡觉。

声

第三章

声音的产生

我们的生活中充满了各种声音。声音是由物体振动产生的声波所引起的：敲鼓时能听到鼓声，同时我们能摸到鼓面的振动；说话时我们的声带在振动；汽车或飞机在排气时，气体振动，发出汽笛声或轰鸣声。总而言之，物体振动是产生声音的根源，发出声音的物体叫作声源。

声波的传播

如果将一块石头扔进池塘，会在水面扩散出一圈圈水波，离中心越近的地方水波越清晰，离中心越远的地方水波越模糊。声波和水波十分相似，当声波扩散得越远时，声音也就越微弱。

声音传播的介质

声音需要通过物质传播，物理学将这样的物质称为介质，也叫媒质。声音传播的介质主要有空气、液体和固体。声音在固体中传播的速度最快，其次是液体，在气体中传播最慢。

古代军队打仗时，常有人将耳朵贴在地面，听远处是否有马蹄的声响，这也证明了通过地面传播的声音要比在空气中传播的声音早到达听者的耳朵。

太空中没有空气，所以在太空中听不到任何声音。

有一个著名的实验能够证明声音的传播需要介质。将一个闹钟放在玻璃罐子里，用真空泵将罐子里的空气抽空，当闹钟响起时，由于罐子里没有空气，我们就听不到铃声了。

我们怎么听见声音

人的听觉系统由外耳、中耳、内耳及听觉神经组成。外耳的功能主要是收集声波，并将声波由外耳道传入中耳。中耳是个充满气体的空腔，里面有3块听小骨，可以将声波转换为固体振动，传入内耳。接着，位于内耳的耳蜗接受来自中耳的振动后，把振动转变为神经冲动，沿着听神经传递给大脑，大脑再将这种信号变成"声音"。

回声的运用

回声在我们的生活中有很多应用，例如利用回声制造的回声探测仪可以测量障碍物的距离或者海水的深浅，利用不同声波来探测石油，等等。

建筑方面： 在建造音乐厅时，设计师要充分考虑，利用回声制造出优美的音响效果，并选用吸音效果好的特殊材质。

地质勘探： 在石油勘探时，工人常在地面上埋好炸药包，并放上一列探头。把炸药引爆后，探头接收到地下各层界面反射回来的声波，从而探测出地下是否存在石油。

测量障碍物： 一些船上装有回声测深器，这种仪器会把声波送入大海，通过回声传回船上所花费的时间，计算船下物体的形状和位置。

捕食猎物： 蝙蝠在黑夜里发出超声波，再用灵敏的耳朵收集周围传来的回声，从而判断猎物的位置和大小。

回声

　　声波在传播的过程中，如果碰到大的反射面，比如建筑物的墙壁，会在界面上发生反射。简单说，当声波碰到某种障碍物，它会反弹回来，我们会再次听到这个声音，这个反射回来的声音就是回声。

　　在空旷的田野里，回声比较模糊，这是因为声音的振动会向四处散开；假如在一个封闭的空间，如隧道或者山洞里，反射的声音就不会散开，回声十分清晰。

声音的特性

声音的特性包括音调、响度、音色等内容。

音调：声音的高低叫作音调。它是由频率决定。频率越高，音调越高。频率的单位是赫兹。

响度：声音的大小叫作响度，也就是我们常说的音量。它是由振幅和人离声源的距离决定的。振幅越大，离声源的距离越小，响度越大。响度的单位是分贝。

音色：音色是由发声物体本身的材料和结构决定的，也称为音品。根据不同的音色，即使在同一音高和同一响度的情况下，我们也能通过音色区分出声音是由不同的乐器或人发出的。

"吸收"噪声的雪花

下过雪后的世界总是格外安静，这是为什么呢？原来，刚下过雪的雪地表面粗糙蓬松，有很多小气孔。这就像天然的吸音材料，声音一旦遇到这种松散多空的结构，声波会在间隙中多次反射，导致能量损失，从而无法继续传播，因此会有万籁俱寂的效果。等到新鲜的雪被人踩实后，情况就不同了。原来蓬松的雪被压实，从而减小了对声波能量的吸收，这时，自然界又会恢复往日的喧嚣。

先看到闪电，再听到雷声

夏天经常出现电闪雷鸣的天气，人们通常先看到闪电，接着才会听到雷声，这是为什么呢？其实，闪电和雷声是同时产生的，由于光在空气中的传播速度快，声音在空气中的传播速度慢，所以人们会先看到闪电，接着才听到雷声。此外，我们还可以根据声音传到地面的时间来判断云层距离地面的高度。当声音遇到云层或者高大的建筑物后会发生反射，所以比起转瞬即逝的闪电，雷声一般要持续一段时间才会完全消失。

听不见的声音

生活中，人们通常把频率高于 20000 赫兹的声音称为超声波，而频率低于 20 赫兹的声音称为次声波。有些动物能听见我们人类听不见的超声波，例如蝙蝠能听见高达 50000 赫兹的超声波；猫甚至能够听到超过 60000 赫兹的超声波。

光 第四章

光的介绍

  光是人的眼睛能够看到的一种电磁波。光可以在真空、空气、水等透明的物质中传播。光分为自然光和人造光两种。光在真空中的传播速度大约是30万千米／秒。因为光速非常快，所以光从太阳到地球仅仅需要8分钟。目前，对于可见光的范围没有一个明确的界限，一般情况下，人眼所能接受的光的波长大概在400~700纳米之间。人类平时所见的光均来自太阳或能够产生光的设备。

光沿直线传播

  光在均匀的介质中沿直线传播。人眼根据光的直线传播来确定物体或像的位置。

  通过对光的长期观察，人们发现沿着密林树叶间隙射到地面的光线形成射线状的光束，从窗户缝隙射入到屋里的阳光也是如此。为了证明这一点，早在两千多年前，我国杰出的科学家墨翟和他的学生完成了世界上第一个小孔成倒像的实验。

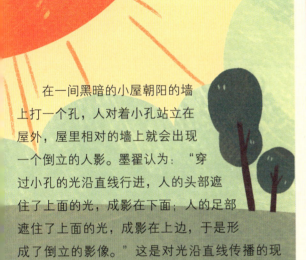

在一间黑暗的小屋朝阳的墙上打一个孔，人对着小孔站立在屋外，屋里相对的墙上就会出现一个倒立的人影。墨翟认为："穿过小孔的光沿直线行进，人的头部遮住了上面的光，成影在下面；人的足部遮住了上面的光，成影在上边，于是形成了倒立的影像。"这是对光沿直线传播的现象做的第一次科学的解释。

在中国汉朝时期，人们便使用兽皮或纸板剪出人物的剪影，用光照射后，影像会映在幕布上，幕外的人就能看到影像，这就是最初的皮影戏。

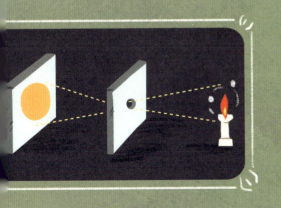

光谱

光是一种能量，当我们坐在太阳光下，会觉得非常暖和。光是电磁波谱的一部分，电磁波谱是所有能量波的集合。

伽马射线：光谱中能量较高的波，这种光波是由放射性物质释放的。

微波：不仅可以用来加热饭菜，还可以传播信息。

X射线：医生可以利用X射线来为病人检查身体。

可见光：人类能看得见的那一段光波。

红外线：应用于电视遥控器和夜视仪。

紫外线：太阳光是紫外线的来源之一。

无线电波：光谱中能量较低的波，这种波常被用来传播电视和广播信号。

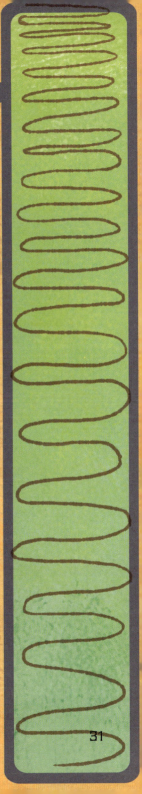

我们为什么能看到颜色？

颜色实际上是一种感觉，是光刺激眼球所产生的视觉感觉。人们对颜色的感觉，一方面取决于光的物理性质，另一方面也会受到周围环境的影响。

德国物理学家赫尔姆霍兹认为，自然界中存在 3 种原色：红色、黄色和蓝色。而人的视网膜上有 3 种神经纤维末梢器官，分别具有感红、感黄、感蓝的色素。当这些感光色素受到刺激时，导致神经细胞产生不同的神经冲动，传向大脑，最终会形成不同的颜色感觉。

视网膜

视网膜为眼球壁的内层，分为视网膜盲部和视部，有感受光刺激的作用。物体反射的色光到达人眼后，通过视网膜的神经传导给大脑的神经系统，形成色觉图像，于是人就能看到东西和颜色了。

光的反射

当我们照镜子的时候，镜子中能出现另一个你，其实这就是物理学上光的反射现象。光在传播到不同物质时，在分界面上改变传播方向，又返回原来物质中的现象，就是光的反射现象。

光遇到水面、玻璃以及其他许多物体的表面时都会发生反射。早在古代，人们便学会利用光的反射现象来取火。汽车的后视镜也运用了光的反射原理。

平面镜成像特点

平面镜成像是一种物理现象。当太阳光或者灯光照射到人身上，被反射到镜面中，平面镜又将光反射到人的眼睛里，因此我们看到了自己在平面镜中的虚像。

平面镜成像有以下特点：成像是正立的虚像；成像和物体的大小相等；成像和物体到镜面的距离相等；成像和物体左右相反；像与物的连线和镜面垂直。

33

光的折射

　　光从一种介质斜射入另一种介质时，传播方向发生改变，从而使光线在不同介质的交界处发生偏折的现象，叫作光的折射。光的折射现象与光的反射现象一样，都发生在两种介质的交界处，只不过反射光返回原介质中，而折射光进入到另一种介质中。

　　将一根筷子放入盛有水的玻璃杯中，从玻璃杯侧面看，这根筷子就像在水里折断了一样。其实我们从外面看到的水中的筷子，并不是筷子本来的位置。鱼儿在清澈的水里面游动，我们可以看得很清楚。然而，假如沿着你看见鱼的方向去抓它，却根本抓不到，只有瞄准鱼的下方才能把鱼抓住。

雨后的彩虹

雨过天晴后的天空中，有时会出现一道 7 色的彩虹。彩虹的形成在物理上也是一种光学现象。雨后的空气中存在着大量我们肉眼看不见的水滴，它们悬浮在空中。阳光射入水滴时会同时以不同角度射入，在水滴内亦以不同的角度反射。

太阳光的可见光部分由红、橙、黄、绿、蓝、靛、紫 7 色组成。这 7 种颜色的波长都不一样，不同颜色的光照射到空中的水滴上面，发生的折射也不一样。水滴同时对 7 种颜色的光进行折射，再将光反射到我们的眼睛里，我们就能看到 7 色的彩虹了。空气中的水滴大小决定着彩虹的明显程度，水滴体积越小、形成的彩虹颜色越不明显；水滴体积越大，形成的彩虹越鲜亮。

发散光的凸面镜

用抛物面的外侧作反射面的球面镜，就叫作凸面镜，也叫广角镜、反光镜、转弯镜。凸面镜对光线具有发散的作用。凸面镜成正立的、缩小的虚像。在实际生活中，凸面镜的应用十分广泛，如转弯镜和广角镜，还有倒车镜，都利用了光的发散原理，扩大了视野，可以使驾驶员及早发现弯道对面车辆，减少交通事故的发生。此外，凸面镜也用于超市防盗。

聚光的凹面镜

球面镜分为凹面镜和凸面镜两类。

用抛物面的内侧作反射面的球面镜，就叫作凹面镜。平行光照在凹面镜上，通过其反射而聚在镜面前的焦点上。因其反射面为凹面，又具有聚光作用，所以也叫会聚镜。

当物距小于焦距时，凹面镜会成正立的、放大的虚像，物体离镜面越远，像越大；当物距大于焦距时，成倒立的、缩小的实像，物体离镜面越远，像越小。成的实像与物体在同侧；成的虚像与物体在异侧。

利用凹面镜的原理，人们研究和制作了太阳灶、台灯、探照灯、手电灯及各种机动车的前车灯。

我们平常用的镜子，整个镜面是平整光滑的，而哈哈镜的镜面却十分特殊。如果你面对一扇由凸面镜做的哈哈镜站立，在竖直方向上，像与物长度相同，而水平方向上，像是缩小的，于是人像变得又瘦又长。同样，如果你面对一扇由凹面镜做的哈哈镜站立，人像则会变得又矮又粗。

让人变形的哈哈镜

海市蜃楼的形成

有时，在平静的海面上会出现一种非常神奇的景象，远处的海平面上仿佛出现了集市和楼台，甚至还有人的身影，这种神奇的现象被称为海市蜃楼。其实，这是由于光在密度分布不均匀的空气中传播时发生折射而形成的自然现象，其本质是一种光学现象。

海市蜃楼常常发生在海上，在沙漠里偶尔也可以见到。因为海上一定范围内的空间上下层空气密度差异大，光在传播时会发生异常的折射和全反射，从而造成蜃景。

海市蜃楼只能在无风或风力极微弱的天气条件下出现。这是因为大风会将上下层空气搅动混合，空气密度差异减小了，光不会发生异常的折射和全反射，自然虚无缥缈的幻景就会立刻消失了。

影子

光可以穿过像玻璃这样的透明物体，而人体和砖头这类不透明的物体，光是无法穿过的。当光被阻挡时，就会产生影子，这证明光是沿着直线传播的。影子随着太阳在天空中的移动位置变化而变化，日出或日落时影子最长，正午时分影子最短。

万花筒的光学奥秘

万花筒是一种光学玩具，将颜色鲜艳的彩色碎屑放于圆筒的一端，中间放置三棱镜，另一端用开孔的玻璃密封。从孔中看去，即可观察到美丽的图像。轻轻转动万花筒，呈现的图案便会不断变化。这其实就是利用了玻璃镜子反射的原理。转动万花筒时，彩色碎屑经过3面玻璃镜子的反射，形成无数碎屑的虚像，会出现对称的图案，看上去就像一朵朵盛开的花。

电与磁

第五章

电是什么?

　　我们平时说的电,既是一种自然现象,也是一种能量。电是由电子在导体内流动产生的,也是各种能量中最多变的一种。

　　我们在生活中不可能直接看到或者听到电,但是可以感受到电。假如身体触电,触电的部位会发麻,这是非常危险的。

电的真实身份

电是静止或移动的电荷所产生的物理现象。地球上所有的东西，都是由原子组成的。在原子的中心，有一个由中子和质子组成的原子核，原子核周围围绕着一种被称为电子的微粒，其数量与质子一样。粒子，是构成物质颗粒的集合中最小的单位。粒子所拥有的带电性质被称为"电荷"。质子带正电荷，中子不带电，电子带负电荷。电子和原子核距离越近，它们之间的引力就越大。

摩擦生电

早在 18 世纪中期，美国科学家富兰克林就已经开始研究电。他发现了两种不同性质的电，分别是正电和负电。任何物体都是由原子组成的，原子由带正电的原子核和带负电的电子组成，电子围绕原子核运动。一个物体如果不带电，它的正、负电荷数目是一致的，整个物体也是中性的。

两个物体摩擦后，其中一个失去电子，另一个得到电子。将玻璃棒和丝绸进行摩擦，玻璃棒上的电子移动到丝绸上，玻璃棒失去电子，带正电，而丝绸得到电子，带负电。

雷电

　　雷电是一种令人生畏的放电现象。产生雷电的原因是云里面堆积的静电向外释放。积雨云中积聚了大量的冰粒，由于强烈的气流作用，冰粒相互摩擦，从而产生静电。虽然大气无法导电，但是当大量的静电积聚到一定程度后，会冲破云的绝缘界限，导入到大气中。这个过程就叫作放电。

电流

　　电磁学上把单位时间里通过导体任一横截面的电量叫作电流强度，简称电流。电流在一些材料中很容易通过，这类材料被称为导体。导体中的自由电荷在电场力的作用下做有规则的定向运动，就形成了电流。大多数的金属都是很好的导体。而在另一些材料中，电流不容易通过，这类材料被称为绝缘体。

神奇的生物电

　　生物的器官、组织和细胞在生命活动的过程中会产生微弱的电流,这种电流被称作"生物电"。1780年意大利解剖学家伽伐尼在解剖青蛙时,两手举着金属器械,无意中碰到了青蛙的大腿,青蛙的肌肉立刻抽搐了一下,就像活着一样。正是动物体内的"生物电"导致了这种现象。

收集电荷的装置——电池

　　电池指能产生电能的小型装置,用电池作为能量来源,可以得到具有稳定电压、电流,长时间稳定供应且受外界影响很小的电流。18世纪中期,可以收集电荷的"莱顿瓶"被发明出来。后来,意大利科学家伏打把一块锌板和一块锡板浸泡在盐水里,发现有电流从两块金属的连接导线中通过。伏打用这种方法成功地制成了世界上第一个电池——"伏打电堆"。

梨形的电灯泡

我们生活中使用的电灯泡一般都是梨形的。这是因为通电后，钨丝发热，温度可高达2500℃，金属钨在高温下升华，一部分金属钨的微粒会从灯丝表面"跑出来"，附在灯泡的内壁上。时间长了，灯泡就会变黑，亮度降低，影响使用。

根据气体对流是自下而上的特点，人们在制作灯泡时，在灯泡内充上了少量惰性气体，并把灯泡做成了梨形。这样，灯泡内的惰性气体对流时，金属钨升华产生的黑色微粒大部分会被气体卷到上方，附在灯泡颈部，这样就可以保证灯泡下方玻璃透明，不影响灯泡的亮度了。

电灯的发明

电灯是一种用电作能源的人造照明用具，它能将电转化为光。电灯的发明，大大推动了人类文明的进步。

爱迪生在总结前人制造电灯失败的经验教训后，对多种耐热的发光材料逐一进行试验，最终采用炭丝作为灯丝，使电灯的使用时间延长到45个小时。后来，他继续在这个基础上不断改良，终于推出了使用寿命更久的灯泡。

水能转化为电能

　　利用流水所蕴藏的能量生产电能的过程叫作水力发电。水力发电运用了水的势能，推动水力发电机转动。转动产生机械能，机械能又转化为电能。水力发电的优点是成本低、可连续再生、无污染，不过它也有缺点，受气候、地貌等自然条件的限制大，容易被地形、气候等多方面的因素影响。除了水力发电，风力发电、太阳能发电都是常见的转化电能的方式。

高压线上的小鸟

　　我们时常会看到成群的小鸟停在高压线上，要知道，如果有人不小心触碰到高压线，就会立即触电，十分危险。为什么小鸟站在高压线上，却可以安然无恙呢？

　　一般触电的前提是要产生一定的电流，而产生电流需要一个完整的回路。这条回路包括了火线、零线、导电体三者。小鸟的体积小，且站在一根电线上，不产生电流回路，所以电流不会从小鸟身体里通过，它就不会触电。而人的身体较大，在碰到电线时，把两根电线连在一起，形成回路，人体上就有大电流流过，所以人会触电。

磁铁

　　磁铁是一种神奇的东西。它具有磁场，能够吸引或者排斥其他磁性的物体，就像被施了魔法一样。磁铁有两个磁极，一端叫北极 (N)，一端叫南极（S）。把一块磁铁切割成两块，你会得到两块磁铁，每块磁铁仍然会有一个南极，一个北极。当磁铁彼此靠近时，不同磁极间产生吸引力，同磁极之间产生排斥力。使用强力的磁铁，能够吊起人体，甚至更重的物体。

磁场

　　磁铁的周围都有磁场，尽管眼睛看不见，但是在磁铁的周围，以及 N 极与 S 极之间的确存在作用力。磁力线从 N 极出发，指向 S 极。磁场的方向与磁力线的方向一致，强度与磁力线的间距有关。磁力线越密集，磁场越强；反之，磁场越弱。

　　在条形磁铁的两个磁极附近，磁力线十分密集，说明磁场最强。

　　U 形磁铁的两极彼此相邻，两个磁极之间的磁力线几乎是平行分布的。

地球是一个大磁铁

地球是一个巨大的磁铁。地球的北极附近是地磁南极（S），南极附近是地磁北极（N）。指南针之所以能始终指向固定的方向，正是因为地球磁场与指南针间互相吸引的原因。

电磁铁

电磁铁是通电产生磁力的一种装置。在铁芯上缠绕线圈，通有电流的线圈像磁铁一样具有磁性，这个铁芯被称作"电磁铁"。与永磁铁不同，一旦切断电源后，电磁铁又会变成普通的铁芯，磁性随之消失。此外，如果改变电流的正极和负极，电磁铁的N极和S极也会互换。利用电磁铁制成的机械能搬运人力搬不动的重物。比如，起重机上的电磁铁能将汽车这类沉重的金属物品吊起或放下。

地球上大多数物质都以固态、液态或者气态中的一种形态存在着。你看，图中的橙汁中就有3种形态的物质同时存在着：固态的冰块，液态的橙汁，不停翻滚的气态的气泡。我们把这3种形态称为物质的三态。

固态·液态·气态

第六章

物质的3种形态

我们知道许多原子聚集在一起就形成了分子。

固态：固态物质的分子间存在很强的"吸引力"，这种吸引力会将分子聚集在一起，从而使物体保持固体的形态。

液态：如果给固态的物质持续加热一段时间，这种物质里的分子运动幅度就会变大，分子就会摆脱彼此之间的束缚，固体逐渐变成液体。液体之间也存在一定程度的"吸引力"，但是这股力量比固体之间的"吸引力"要小得多，因此液体分子要比固体分子自由一些。液体中的分子不像固体中的分子排列那么紧密，所以相同数目的同种分子在液体中比在固体中占据的空间更大。

气态：如果继续加热液体，液体中的分子就会获得更多的能量，分子间的"吸引力"无法把它们束缚在一起，分子们开始自由地四处飘散。此时的液体已经转化为了气体。

蒸发

相比其他分子，液体中有一部分分子带有更多的能量。它们能够摆脱分子间的引力，因此会抛下其他的分子同伴，上升到空中变成气体，我们把这种现象称为蒸发。

水坑里的水在太阳的暴晒下逐渐消失，这就是一种蒸发现象。

一碗热气腾腾的汤端上来，我们能闻到汤的香味，这是因为汤里的分子蒸发了，空气中含气味的微粒进入人体的鼻腔，我们便能闻到汤的香味。

温度的秘密

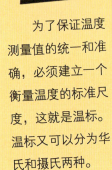

为了保证温度测量值的统一和准确，必须建立一个衡量温度的标准尺度，这就是温标。温标又可以分为华氏和摄氏两种。

我国采用的是摄氏温标，它是由瑞典物理学家摄尔修斯制定的。摄氏温标以水银作为测温物质，水的结冰点为0℃，沸点为100℃。他认为水银柱的长度会随着温度变化而作线性变化，于是，将0℃到100℃之间均分为100等份，一份就是一个单位，即1℃。

绝对零度：让时间和空间失去意义

绝对零度是热力学理论上的下限值，也就是最低的温度。绝对零度不是直接测量出来的，而是根据理想气体所遵循的规律，用外推的方法得到的。从微观角度来看，温度代表了物体内部分子热运动的剧烈程度。在分子运动论中，如果将温度降低到−273.15℃，即绝对零度时，气体的体积将减小到零。在绝对零度的状态下，分子停止运动，这时候的气体早已变成液体或者固体了。

研究认为，在绝对零度下可能发生很多奇怪的事情，比如固体能互相穿透，液体向上流动等。不过目前科学家还无法使物体达到绝对零度。

地球上最冷的地方位于南极极点附近，那里的最低温度可达−90℃。而宇宙中最冷的地方在布莫让星云，那里的温度为−272℃，即便如此，依旧没有达到绝对零度。

静止……

静止……

受热上升的水银温度计

　　不同的温度计会用不同的测温介质，常见的有煤油、水银等。生活中，人们常常用水银温度计测量体温。由于水银的凝固点是零下38.87℃，沸点是356.7℃，因此能够比较准确直观地测量体温。这类温度计利用了液体热胀冷缩的原理。当温度计受热时，水银分子的热运动加剧，分子间的距离增大，表现为水银体积增大，液柱沿着体温计管壁上升。

-37°

眼镜上的白雾

　　冬天，戴眼镜的人从室外进入温暖的室内后，眼镜上会覆盖住一层白白的雾，这就是气体变成液体——液化的过程。在室外，镜片的温度很低，而一旦到了室内，镜片周围的空气遇冷凝结，变成了小水滴，附在眼镜上，就像起雾了一样。如果将洗洁精或肥皂等涂到镜片上，就会让镜片具有防雾的功能。这是因为洗洁精或肥皂中含有硬脂肪酸，具有疏水性，会在镜片外形成一层薄膜，阻碍水分子凝结。

51

水的沸点

在开水中不会融化的冰块

把一块冰块放到一个装满水的大试管里，由于冰块比水轻，所以冰会浮到水面上。我们用一枚硬币或者别的比水密度大的东西，把冰块压到试管的底部。然后，将试管的上端靠近酒精灯，一直烧到水沸腾起来，冒出气泡和蒸汽。这时，如果你观察冰块，你会发现冰块并没有融化，这是为什么呢？

原来，在试管底部，水并没有沸腾，甚至是凉的。冰块是在沸水的底部，而不是沸水里。水在受热时分子发生运动，沸腾的水会向上流动，并没有流到冰块所在的试管底部。下面的水只能靠水的导热作用受热，而水的导热度很小。这也是为什么我们用热水壶烧水的时候，加热的是水壶下面而不是上面。

用冰块冷却水

在烧水的时候，一定要把水壶放在火的上面，这样水壶底部的水烧热后，向上流动，上面的水才会热。如果我们将装满热牛奶的杯子放到冰块上面，冰块上面的空气冷却后向下流动，杯子周围的热空气就会迅速占领刚才冷空气的位置，这样一来，上面的热牛奶并不能迅速冷却。所以，正确的方法是把冰块放在热牛奶的上面，热牛奶的热气流上升，碰到冰块迅速冷却，上面的温度降低，底下的热气流继续升上去，同时，刚才的冷空气向下流动，也会加速下面的牛奶冷却。

忽高忽矮的埃菲尔铁塔

埃菲尔铁塔到底有多高呢？你可能会说它有300米。不过，由于铁会热胀冷缩，埃菲尔铁塔在冬天和夏天的高度是不一样的。假设，100米长的铁杆，温度每升高1℃，增加的长度为1毫米。再假设夏天时埃菲尔铁塔周围的温度是40℃，冬天则按照0℃来计算，这个温差就有40℃，那么一年当中，埃菲尔铁塔最高和最矮时的高度差可达到120毫米，也就是12厘米左右。

水的3种状态

想要观察水的3种状态，我们需要准备一个烧杯、一盏酒精灯、若干冰块，以及能够夹取冰块的钳子。首先我们在烧杯中加入水，将烧杯置于酒精灯上加热，水的温度慢慢升高，等它的温度到达100℃的时候，我们就用钳子将冰块缓慢放入烧杯中。

在沸腾的水里，漂着冰块，而冰块上方会不断冒出水蒸气，这样我们就可以同时观察到水的3种状态了。在这个实验中，水的温度很重要，当水温低于100℃时，冰块会变成液态的水，从而不能观察到水蒸气；而当温度过高的时候，冰块一加入，立马就会变成水蒸气。